AF339657

N° 21

BUREAU D'ÉTUDES PARLEMENTAIRES

15, rue de la Ville-l'Évêque

NOTE

RELATIVE A LA MODIFICATION

DU RÉGIME FISCAL

EN MATIÈRE

DE SUCCESSIONS ET DE DONATIONS ENTRE VIFS

PARIS

IMPRIMERIE ET LIBRAIRIE ADMINISTRATIVES ET CLASSIQUES

Paul DUPONT

4, RUE DU BOULOI, 4

1891

BUREAU D'ÉTUDES PARLEMENTAIRES

15, rue de la Ville-l'Évêque

NOTE

RELATIVE A LA MODIFICATION

DU RÉGIME FISCAL

EN MATIÈRE

DE SUCCESSIONS ET DE DONATIONS ENTRE VIFS

PARIS

IMPRIMERIE ET LIBRAIRIE ADMINISTRATIVES ET CLASSIQUES

Paul DUPONT

4, RUE DU BOULOI, 4

—

1891

BUREAU D'ÉTUDES PARLEMENTAIRES
15, rue de la Ville-l'Évêque

NOTE

RELATIVE A LA MODIFICATION DU RÉGIME FISCAL
EN MATIÈRE DE SUCCESSIONS ET DE DONATIONS ENTRE VIFS

HISTORIQUE DE LA QUESTION

La loi du 22 frimaire an VII, dont les dispositions fondamentales sont encore aujourd'hui en vigueur, en frappant d'un droit proportionnel les mutations de propriété provenant soit de succession, soit de donation entre vifs, n'a tenu aucun compte du passif qui pouvait grever le patrimoine ainsi acquis par le donataire ou l'héritier. En conséquence, le fisc prend, pour base du calcul de la somme à percevoir, l'actif brut, et non l'actif net, l'émolument obtenu par le fait de la mutation.

Si cet état de choses s'est perpétué jusqu'à ce jour, ce n'est pas que les idées de réforme aient manqué sur ce point. Dès 1810, le baron Louis, ministre des finances, instituait une Commission de 7 membres chargée d'examiner diverses questions relatives à la législation fiscale. Cette Commission admit la déduction du passif hypothécaire au nombre des résolutions qu'elle fut appelée à formuler relativement aux droits de mutation. Après un long temps d'arrêt, les efforts tendant à une modification de la législation primitive furent repris et de nombreuses tentatives ont été faites jusqu'à ce jour surtout pendant les vingt dernières années. Nous citerons notamment, la proposition de loi de M. Crémieux (1849) ; la présentation au Conseil d'Etat d'un projet de loi admettant la déduction du passif hypothécaire (1864) ; le projet de M. Foliet (1871) ; l'amendement de M. Méline (1873) ; le rapport de M. Benoist d'Azy (1874) ; les propositions de loi et amendements de MM. Lebert (1875), Cherpin (1876), de Gasté (1877), Pieyre (1883), Raoul Duval (1886), Dentré (1886-1887), et la proposition élaborée par la Commission du budget de 1888.

Les arguments qui ont été présentés jusqu'ici en faveur du maintien du régime fiscal actuel, sont surtout basés sur des considérations pratiques. Le fait d'introduire, a-t-on dit, le principe de la déduction du passif dans le calcul des droits successoraux aurait pour conséquence d'en rendre la perception très difficile ; il obligerait le fisc à procéder en quelque sorte contradictoirement avec l'héritier à la liquidation de la succession, ce qui aurait pour conséquence l'ingérence des agents de l'administration dans les affaires les plus intimes des particuliers.

A cet argument principal, on en a ajouté d'autres. Dans son rapport au conseil des Cinq-Cents, Crétet s'exprimait ainsi :

« Il faut aussi se convaincre que l'affranchissement du mobilier des
« successions était une compensation, ou, du moins, un grand adoucisse-
« ment à cette mesure. »

Cette considération a perdu sa valeur depuis que le mobilier des successions a été frappé d'un droit d'abord modique, puis rehaussé en 1826 et en 1832, et définitivement porté par la loi de 1850 au même taux que celui de l'impôt qui frappe les immeubles.

Enfin, on a fait observer que le droit fiscal devait être assis sur la *transmission* de la chose, quelles que fussent les charges qui la grèvent. C'est cette *transmission* et non point l'émolument retiré qui est grevé.

Ces arguments ont cessé d'avoir gain de cause devant le Gouvernement qui, cédant à la pression de l'opinion publique, a, dans le cours de la séance de la Chambre du 28 novembre 1889, déposé un projet de loi ayant pour but d'introduire définitivement dans notre législation fiscale le principe de la déduction du passif.

PROJET DU GOUVERNEMENT

L'exposé des motifs de ce projet de loi reconnaît les difficultés dont est entourée la solution de cette question : — Elle entraîne pour les immeubles la transformation de la base de la perception ; le passif ne saurait, en effet, être imputé que sur la valeur vénale des immeubles transmis, et non, comme dans l'état actuel sur un capital fictif formé de 20 ou 25 fois le revenu des immeubles. Elle oblige le législateur à préciser avec soin la nature et le caractère des dettes dont la déduction est admise, les justifications à produire aux agents du Trésor, tout en évitant et leur intrusion trop grande dans les affaires de la famille, et les fraudes qui ne manqueraient pas de se produire sous l'empire d'une loi mal faite. — Il faut enfin trouver une compensation aux droits dont le Trésor se verra privé par la diminution de la valeur imposable.

Le projet présenté par le Ministre des Finances a été renvoyé à une Commission parlementaire qui, après y avoir introduit des modifications importantes, dont la plupart ont été acceptées par le Gouvernement, en a néanmoins conservé les grandes lignes. L'œuvre commune du Gouvernement et de la Commission a fait l'objet d'un rapport présenté par M. Jamais le 27 mars 1890.

Dettes admises à déduction.

L'article 1er pose le principe de la déduction du passif et énumère en même temps les dettes auxquelles pourra s'appliquer la nouvelle mesure. D'après le texte présenté par le Gouvernement, ce sont les dettes en capital à la charge du défunt, liquides au jour de l'ouverture de la succession et résultant d'actes authentiques, de jugements ou d'actes sous seings privés enregistrés. Cette rédaction a été acceptée par la Commission qui a décidé d'y ajouter, afin de prévenir toutes fraudes, que les actes enregistrés ne seraient point admis en déduction toutes les fois que la date de l'enregistrement ne remonterait pas à trois mois au moins avant l'ouverture de la succession.

Dettes non admises à déduction.

L'article 2 énumère les dettes qui ne seront pas admises à déduction. Ce sont quelques dettes civiles : celles de ménage, les frais funéraires, etc., comme ne pouvant être établies qu'au prix de mesures vexatoires ; les dettes autres que celles en capital, qui paraissent en bonne administration, constituer une charge exclusive des revenus ; toutes celles qui ne sont pas liquides, ne résultant pas d'actes authentiques sous seings privés enregistrés ou de jugements ; les dettes échues trois mois au moins avant l'ouverture de la succession ; les dettes reconnues par testament ; les dettes hypothécaires dont l'inscription est périmée ou a donné lieu à mainlevée avant l'ouverture de la succession ; celles résultant de titres ou de jugements passés à l'étranger ou hypothèques sur des immeubles situés à l'étranger, ou dépendant de successions d'étrangers domiciliés en France ; les loyers et fermages excédant le terme courant ; les dettes consenties par le défunt au profit de ses héritiers, donataires ou légataires. Ce sont enfin, et ceci est plus grave, les dettes commerciales. Ces dernières ont été exclues, dit le projet, à cause des difficultés que leur recherche ferait naître en obligeant à la représentation de livres et de pièces ; les facilités qu'elles offriraient à la fraude, la plupart des engagements commerciaux n'étant pas soumis à l'enregistrement ; et enfin, par ce motif que les effets de commerce, lettres de change ou billets souscrits par un commerçant ne constituent pas véritablement des dettes proprement dites, ces engagements ayant leur contrepartie dans les effets souscrits au profit des commerçants.

Sur quelle base s'opérera la déduction du passif ?

Comme il a déjà été dit, une des principales difficultés qui ont motivé jusqu'à ce jour l'ajournement de la déduction du passif provient de ce que ce passif doit être déduit de la **valeur vénale** des immeubles. Or, ce n'est point sur cette valeur vénale qu'est aujourd'hui assise la perception du droit, mais sur une valeur fictive obtenue en multipliant par 20 le revenu de l'immeuble, s'il s'agit d'un immeuble urbain, et par 25 s'il s'agit d'un immeuble rural. On a toujours reculé devant les charges nouvelles que la transformation de la taxe de l'impôt devait entraîner pour les immeubles ruraux..

Le Gouvernement, dans son projet, avait essayé de résoudre la question en rendant facultative la déduction du passif. Si la déduction n'était pas réclamée, les droits de succession devaient continuer d'être perçus sur l'actif brut, calculé d'après les règles actuellement en vigueur. Dans le cas contraire, ils devaient frapper la valeur vénale des immeubles sans que cette valeur pût être inférieure au produit de la multiplication du revenu par 20, s'il s'agissait d'un immeuble urbain, et par 30, s'il s'agissait d'un immeuble rural. L'administration espérait, par l'ensemble de ces dispositions empruntées à la loi belge, atteindre plus aisément les propriétés d'agrément qui ne produisent qu'un faible revenu et sur la mutation desquelles le système actuel ne permet de percevoir que des droits insignifiants tout en ménageant la propriété foncière, dont la valeur vénale est aujourd'hui en général plus grande que la valeur fictive obtenue par la capitalisation.

Ces dispositions n'ont point été admises par la Commission, qui a introduit sur ce point deux modifications des plus importantes auxquelles s'est rallié le Gouvernement. En premier lieu, elle a fait disparaître la faculté d'option, pensant que le principe de la déduction du passif une fois posé, il le fallait accepter avec toutes ses conséquences. En second lieu, la Commission a admis avec le Gouvernement le principe de la valeur vénale comme base de l'impôt sur les immeubles et cela afin d'atteindre les propriétés d'agrément, mais en ajoutant que cette valeur vénale ne pourrait être inférieure au produit du revenu par 20 pour les immeubles urbains et par 25 pour les immeubles ruraux.

Comment remédier à la diminution de recettes qu'entraînera
pour le Trésor public la déduction du passif?

L'adoption des mesures ci-dessus indiquées aura pour effet de diminuer d'une manière notable le capital sur lequel sont perçus actuellement les droits de mutation et, par conséquent, de réduire les recettes que le Trésor encaisse de ce chef. L'administration évalue cette perte à 20 ou 25 millions par an. Le principe de la réforme une fois admis, il devenait donc nécessaire de chercher à couvrir le Trésor de ce préjudice, ce qui peut avoir lieu par deux moyens : soit en demandant à une autre partie du budget les ressources nécessaires pour combler cette moins-value, soit, au contraire, en s'adressant directement à l'impôt que l'on venait de réduire. C'est à ce dernier parti que la Commission et le Gouvernement se sont ralliés, et ils ont cherché les moyens de maintenir le produit des droits de mutation ou de le rapprocher, malgré la réforme, du rendement actuel.

Ils proposent, en conséquence, un relèvement du tarif actuel des droits de succession, pour certaines catégories d'héritiers. Il n'est rien innové en ce qui touche les successions en ligne directe ; mais tandis que le projet du Gouvernement majorait les droits acquittés par les frères et sœurs, la Commission a exempté ces derniers de cette nouvelle charge et elle s'est bornée à proposer les relèvements suivants :

	Tarif actuel. 0/0	Tarif proposé. 0/0
Entre oncles et tantes, neveux et nièces..	6 50	7 50
Entre grands-oncles, grand'tantes, petits-neveux, cousins germains.	7 »	8 »
Entre parents du 5ᵉ et du 6ᵉ degré. . . .	8 »	9 »
Entre parents du 6ᵉ au 12ᵉ degré.	8 »	10 »
Entre personnes non parentes.	9 »	12 »

Outre ce relèvement de droits qui ne produit pas encore la somme nécessaire pour combler le déficit prévu, il est proposé :

1° De soumettre, afin de déjouer toute fraude, à l'obligation de produire un certificat constatant le payement des droits de mutation, le transfert des titres nominatifs appartenant aux Sociétés, départements, communes et établissements publics ;

2° D'assimiler l'Algérie à la France en ce qui concerne le payement des droits de mutation. Jusqu'à ce jour, conformément aux termes de l'ordonnance de 1841, les mutations par décès sont, dans cette colonie, exemptes de tous droits. Le projet propose de réduire à l'avenir cette exemption aux seuls immeubles ruraux et aux constructions de toute nature servant à leur exploitation ;

3° Enfin, de porter de 3 à 6 0/0 la taxe établie par la loi du 26 juin 1875 sur les primes de remboursement et lots payés aux détenteurs des titres sortis aux tirages.

Les recettes nouvelles obtenues par l'ensemble du projet de loi seraient les suivantes :

Augmentation des droits sur les successions et do-
nations. . . . . 18.145.000 fr.

Suppression du droit d'option 8.000.000

Droits à percevoir en Algérie 1.000.000

Relèvement de l'impôt sur les lots et primes 300.000

Plus-value produite par les nouvelles mesures sur le
transfert des valeurs 500.000
$$\overline{}$$
27.945.000 fr.

Chiffre qui dépasse celui de 25 millions, prévision maximum de la
perte qui résulterait pour le Trésor de la déduction du passif.

Le projet que nous venons d'analyser a-t-il pu donner complète satis-
faction à ceux qui désirent une réforme de notre législation fiscale sur la
matière des successions et des donations ? Il ne le paraît pas, car l'initiative
prise par le Gouvernement a suscité le dépôt de deux propositions de loi
et de plusieurs amendements ayant pour but de compléter ou de modifier la
proposition première, tout en respectant le principe sur lequel elle est basée.

Proposition Dumas. — La première de ces propositions de loi, due à
l'initiative de M. Dumas, ne porte que sur deux points : en premier lieu, elle
prend pour tous les immeubles quels qu'ils soient, urbains ou ruraux, la
valeur vénale comme base de la perception de l'impôt, et supprime les pro-
cédés empiriques ayant pour but d'obtenir la valeur des immeubles au moyen
de la multiplication du revenu par un coefficient quelconque ; en second lieu,
M. Dumas propose de réduire de 1/5 les droits de mutation par décès en
ligne directe, d'exempter de tous droits les droits et legs effectués au profit
des établissements publics hospitaliers ; il trouve une compensation aux
pertes que le Trésor aurait à subir de ce chef, en assimilant, pour la perception des droits, les parents au delà du 6° degré aux personnes non parentes.

Proposition Borie. — Beaucoup plus volumineuse est la seconde proposition de loi déposée, le 22 mars 1890, par M. Borie et plusieurs de ses
collègues. Le texte du Gouvernement y est longuement examiné et critiqué
vivement. D'accord avec lui sur les principes, les honorables députés s'en
séparent sur plusieurs points importants. En premier lieu, en ce qui concerne
la déduction du passif, M. Borie et ses collègues admettent à déduction :

Les dettes hypothécaires non échues dont l'inscription serait périmée, et celles échues et non payées au jour de l'ouverture de la succession, mais sous la condition de justifier d'un commencement de poursuites ou d'une prorogation de délai authentique ou ayant acquis date certaine, le tout remontant à trois mois au moins avant l'ouverture de la succession ;

Les dettes chirographaires résultant d'un acte authentique, d'un jugement ou d'un acte sous seing privé enregistré trois mois au moins avant l'ouverture de la succession ;

Les dettes commerciales établies par un inventaire dressé après le décès ;

Les intérêts, loyers et fermages *au prorata de l'année courante ;*

Les dettes consenties par le défunt au profit des héritiers, donataires ou légataires si elles résultent de titres enregistrés un an au moins avant l'ouverture de la succession.

Comme on le voit, cette partie de la proposition diffère du projet du Gouvernement en ce qu'elle va plus loin dans l'application du principe de la déduction du passif, notamment en ce qui concerne les dettes commerciales.

Pour les dettes hypothécaires, M. Borie et ses collègues entendent bien qu'elles ne pourront être déduites que de l'immeuble qu'elles grevaient, sans que l'excédent du passif puisse jamais être reporté sur les autres valeurs de la masse héréditaire.

Pour la détermination du chiffre qui doit servir de base à la perception des droits, le système du Gouvernement et de la Commission est adopté par eux : déclaration en valeur vénale, sans que cette valeur puisse être inférieure au taux de capitalisation actuellement fixé par les lois.

Des modifications plus radicales sont proposées en ce qui concerne le tarif des droits de succession. Le système de M. Borie consiste à remplacer le tarif proportionnel actuel par un tarif progressif qni va sans cesse croissant avec le chiffre de l'émolument recueilli, sans pouvoir excéder, même pour les sommes les plus importantes, 10 0/0 en ligne directe et 25 0/0 pour personnes non parentes. C'est une mesure grosse de conséquences et sur laquelle nous reviendrons plus loin.

Au point de vue financier, après avoir fixé la perte à prévoir au chiffre de 20 millions indiqué comme minimum dans le projet du Gouvernement, le contre-projet que nous analysons offre pour la compenser 73 millions de recettes nouvelles. Ce chiffre serait ainsi obtenu :

Plus-value à provenir de la substitution de la valeur vénale à la valeur calculée d'après le revenu, dans les déclarations relatives aux immeubles. . . . . 33.000.000 fr.

Transfert des titres nominatifs des Sociétés, etc., etc. (comme au projet de gouvernement). 500.000

Surélévation de la taxe des biens de mainmorte. . . 2.000.000

Plus-value donnée par la surélévation de la taxe sur les lots et primes de remboursement qui serait portée à 14 0/0 . . . . 2.000.000

Droits de mutation en Algérie 2.000.000

Etablissement d'une taxe annuelle de 0 fr. 20 0/0 sur les titres au porteur destinée à remplacer les droits de mutation auxquels ils échappent par la fraude 34.000.000

73.500.000 fr.

Les excédents ainsi obtenus sur le chiffre actuel des recettes auraient pour destination exclusive la création de pensions de retraite pour les ouvriers infirmes et indigents des villes et des campagnes.

Ces dernières propositions transforment complètement le caractère du projet de loi, en y introduisant des dispositions tout à fait étrangères à la réforme fiscale du régime des successions. Sous le prétexte que les valeurs au porteur seraient en général soustraites aux droits de mutation établis sur les successions et donations, il est proposé de les frapper d'un nouvel impôt, droit d'abonnement destiné à remplacer les impôts auxquels elles échapperaient. On obtiendrait par ce moyen et par plusieurs autres indiqués ci-dessus des excédents destinés à un but d'assistance publique. Ce sont là des propositions qui seraient à leur place dans des projets spéciaux et qu'il n'y a pas lieu de discuter ici.

Ainsi, tous les différents projets de loi apportés sur cette question sont unanimes à réclamer en faveur des contribuables qui ont à acquitter des droits de mutation la faculté de déduire le passif. Il ne semble plus d'ailleurs y avoir contre l'admission de ce principe nouveau, qui est conforme à la justice et à l'équité, d'objection sérieuse à soulever. Mais il faut reconnaître qu'il est d'une application délicate et les solutions proposées dans le projet du Gouvernement, préférable d'ailleurs à la proposition de M. Borie et de ses collègues, paraissent ne devoir être adoptées qu'avec des modifications.

DISCUSSION

Prenons tout d'abord la première question qui se pose : Quelles dettes devront être admises en déduction du passif? Le projet du Gouvernement répond : « Toutes celles qui seront liquides au jour de l'ouverture de la succession et qui résultent d'actes authentiques, de jugements, ou d'actes sous seings privés enregistrés trois mois au moins avant l'inventaire de la succession ». Mais cette rédaction de l'article 1 paraît bien étroite. Il pourrait arriver que des dettes qui viendront néanmoins grever lourdement peut-être l'actif de la succession ne soient pas encore liquides et par conséquent ne pourraient être admises à figurer dans le passif admis en déduction. Cela serait injuste, et le texte du Gouvernement, rédigé en vue surtout de la commodité de l'Administration, pourrait être utilement complété par l'**amendement Taudière** ainsi conçu :

« Si une dette certaine et constatée par un des actes susindiqués n'est
« pas liquide au jour de l'ouverture de la succession, les héritiers auront,
« pour la faire liquider et admettre en déduction de l'actif, six mois à partir
« de l'ouverture de la succession. »

L'exclusion du passif commercial de l'énumération des dettes qui peuvent être déduites soulève une autre objection. C'est là une telle restriction appliquée au principe admis de la déduction du passif, que, dans bien des cas, elle aboutira au maintien de l'état de choses que l'on veut améliorer. Et puis, quelles dettes sont plus certaines, plus liquides que les dettes commerciales ? Les dettes civiles sont éparses, résultant chacune d'un titre différent à l'examen soigneux duquel le receveur devra procéder, tandis qu'une comptabilité bien tenue fait ressortir à tout moment l'état du passif du commerçant, permet d'en constater facilement l'importance. Vainement alléguera-t-on qu'il y a là une intrusion fâcheuse de l'Administration. On peut répondre que cette intrusion est nécessaire pour la perception des droits et qu'elle n'est pas plus gênante pour le commerçant que pour le non-commerçant. D'ailleurs il est facile de supprimer tout examen qui pourrait être vexatoire en permettant à l'héritier qui veut soustraire aux yeux du fisc la comptabilité du défunt de payer les droits sur le brut, comme aujourd'hui, et non sur le net. Il suffirait pour cela d'adopter la rédaction proposée par M. Borie ou plutôt celle de M. Taudière, qui complète l'article 2 par l'addition du paragraphe suivant :

« Le droit de mutation, par suite de décès d'un commerçant, sera
« perçu sur l'actif net de la succession, à la condition de présenter à l'Admi-
« nistration les livres exigés par le Code de commerce et tenus régulière-
« ment par le défunt depuis l'ouverture de son commerce ou au moins
« pendant les quatre années qui ont précédé le décès. »

Pourraient être aussi admises à déduction, comme l'ont proposé M. Borie et ses collègues, les dettes hypothécaires non échues dont l'inscription serait périmée, et celles échues et non payées au jour de l'ouverture de la succession, mais sous la condition de justifier d'un commencement de poursuites ou d'une prorogation de délai authentique ou ayant acquis date certaine, le tout remontant à trois mois au moins avant l'ouverture de la succession.

L'admission du principe de la déduction du passif aura pour conséquence la disparition du procédé au moyen duquel on calcule actuellement la valeur imposable des immeubles transmis. Il est à la fois équitable et logique de remplacer par la valeur vénale, expression de la réalité des faits, le chiffre fictif obtenu par la capitalisation du revenu au denier 20 ou au denier 25. Le projet de la Commission a eu le mérite de reconnaître la nécessité de cette réforme, mais il a cru devoir ajouter que la valeur vénale ne pourrait jamais être inférieure au revenu capitalisé par 20 ou par 25. Ne serait-il pas plus conforme à l'esprit de la législation nouvelle de substituer sur ce point, à son texte, celui de la proposition de M. Dumas :

« Pour toutes les mutations à titre gratuit entre vifs et par décès, les
« droits seront liquidés sur la valeur vénale des immeubles transmis déter-
« minée par la déclaration des parties. »

Quant à la partie financière de la nouvelle loi, peut-être eût-il mieux valu faire de la déduction du passif un **dégrèvement** de l'impôt sur les transmissions à titre gratuit et non point un **nouveau mode de répartition**. Néanmoins, comme ce dernier paraît plus équitable que les errements actuellement en vigueur, il est possible d'accepter le relèvement des tarifs qui en sera la conséquence. Mais il serait désirable d'écarter, sur ce point, l'**impôt progressif** rêvé par M. Borie et ses amis. Leurs propositions ne tendent rien moins qu'à créer dans bien des cas de véritables confiscations ; elles auraient, si elles étaient adoptées, les conséquences les plus funestes et conduiraient infailliblement le contribuable à la fraude et aux déclarations sciemment inexactes. Le meilleur paraît, à tout prendre, le tarif proposé par le Gouvernement et la Commission. Il a au moins le mérite de maintenir, au profit des héritiers les plus proches, l'état de choses actuel.

Toutefois, une modification équitable pourrait y être introduite. L'occasion est favorable pour améliorer la situation des descendants qui recueillent de leurs parents un héritage modique et que des droits, si légers qu'ils soient, frappent toujours si lourdement. C'est à ce but que tend l'**amendement Gacon** :

« Est dispensée des droits de mutation par décès, toute succession en « ligne directe, dont l'actif ne dépasse pas 1,000 francs. »

Signalons encore en terminant une excellente disposition qui figure dans la loi belge du 17 décembre 1851. Elle est ainsi conçue :

« Pendant six semaines, à partir du jour de la déclaration, les parties « déclarantes seront admises à la rectifier en plus ou en moins par une « déclaration supplémentaire, sans qu'il puisse être exigé aucune amende. »

Elle pourrait être utilement reprise sous forme d'amendement et compléterait la nouvelle législation dans laquelle les déclarations des parties joueront un rôle des plus importants.

Amendement Royer (Aube). — Acceptant la déduction du passif avec toutes ses conséquences, M. Royer admet en déduction les dettes commerciales et il ajoute à l'énumération les dettes résultant d'ouvertures de crédits, jusqu'à concurrence de la réalisation justifiée, ainsi que celles provenant de quasi-délits, contraventions ou crimes, pourvu que la liquidation en ait eu lieu en justice avant la déclaration de mutation. Cette partie de son amendement, qui ne peut que recevoir complète approbation, est ainsi conçue :

« Seront également déduites :

1° Les dettes résultant d'actes d'ouverture de crédits constatées par actes authentiques ou par actes sous seings privés enregistrés comme il est dit ci-dessus (*c'est-à-dire trois mois au moins avant le décès*), jusqu'à concurrence de la réalisation justifiée ;

2° Les dettes résultant de quasi-délits, contraventions, délits ou crimes, pourvu que la liquidation en ait eu lieu avant la déclaration de mutation. »

Ce dernier alinéa précisera un point qui aurait peut-être soulevé quelques controverses ; des difficultés auraient pu être faites avant d'admettre ces dettes à déduction sur le même pied que celles provenant de condamnations purement civiles.

M. Royer propose en outre une disposition additionnelle importante. Bien souvent, les particuliers négligent de faire enregistrer les actes sous signatures privées qu'il n'est pas nécessaire de soumettre à cette formalité dans un délai déterminé. Ils espèrent, en reculant jusqu'à la dernière extrémité l'acquittement des droits, pouvoir s'y soustraire. Mais la mort vient et l'héritier ne sera plus admis à faire entrer en déduction les dettes dont l'acte constitutif n'a pas acquis date certaine trois mois avant le décès. C'est pour obvier à cet inconvénient que M. Royer propose la disposition additionnelle suivante, sur laquelle il convient d'attirer toute l'attention de la Chambre :

« Les actes sous signatures privées qui ne doivent pas être soumis à
« la formalité dans un délai déterminé et auxquels les parties voudront faire
« acquérir date certaine seront enregistrés au droit de 0 fr. 20 du cent sans
« addition de décimes. Mais cette formalité n'aura d'effet que pour la déduc-
« tion des dettes et elle ne dispensera pas les parties de soumettre à nouveau
« le titre à l'enregistrement et de payer le droit ordinaire, dans le cas où cette
« formalité deviendrait nécessaire. »

Peut être serait-il équitable d'ajouter : « *dont le montant serait alors*
« *diminué de la somme déjà perçue.* »

15 février 1891.

Produit des Droits sur les Successions et Donations entre vifs.

EXERCICES	DONATIONS				SUCCESSIONS			
	En ligne directe	Entre époux.	En ligne collatérale	Entre personnes non parentes	En ligne directe	Entre époux	En ligne collatérale	Entre personnes non parentes
1875. . . .	14.792.112 01	72.107 04	2.551 664 05	1.895.640 48	31.624.347 27	13.434.190 53	59.913.472 64	15.341.775 81
1876. . . .	16.948.884 41	99.077 38	2.789.209 47	2.049.293 47	35.449.360 95	15.151.152 33	64.052.607 58	14.713.882 92
1877. . . .	16.296.270 13	118.899 38	2.625.154 21	1.722.904 85	32.922.603 43	14.583.704 83	61.185.440 06	16.575.273 34
1878. . . .	16.697.190 11	99.210 88	2.528.466 79	1.963.905 33	35.116.087 49	15.576.587 85	67.917.628 42	15.897.457 »
1879. . . .	17.380.988 58	102.579 05	2.670.399 44	3.055.325 20	36.683.310 69	16.154.740 47	73.848.766 25	17.672.160 71
1880. . . .	17.768.103 60	125.761 60	2.517.555 14	1.797.986 77	38.447.651 47	17.124.781 03	76.732.877 35	21.040.335 05
1881. . . .	15.738.240 46	85.137 72	2.225.738 94	1.401.482 43	31.971.172 73	15.349.358 67	67.229.191 44	17.699.381 40
1882. . . .	15.059.155 78	110.482 75	2.259.980 52	1.436.797 48	33.516.307 50	15.167.624 70	65.844.393 98	16.979.728 61
1883. . . .	15.292.568 59	96.800 56	2.184.140 21	1.284.652 07	34.993.982 08	15.471.718 90	67.343.688 26	20.109.709 55
1884. . . .	14.725.749 28	106.019 25	1.904.872 19	1.261.984 27	33.855.762 26	16.018.865 46	63.244.515 36	19.385.992 80
1885. . . .	14.648.182 53	75.401 14	1.986.838 71	1.275.881 24	36.224.766 84	16.163.537 07	68.266.586 82	20.609.436 30
1886. . . .	18.132.030 35	81.527 16	2.686.540 55	2.538.270 40	44.788.316 86	19.524.470 49	87.650.403 56	24.751.846 84
1887. . . .	17.769.577 88	119.926 78	2.558.213 66	1.927.972 86	45.062.970 29	19.541.305 14	88.977.862 85	25.053.729 08
1888. . . .	17.250.896 90	86.224 58	2.126.985 51	1.179.414 15	44.636.635 05	19.663.601 66	85.317.246 03	29.101.489 46